Commentaire

Par Laurence Masclet

Manifeste du parti communiste

Marx et Engels

lePetitPhilosophe.fr

MARX

- **Né en 1818 à Trèves**
- **Décédé en 1883 à Londres**
- **Quelques-unes de ses œuvres :**
  - *L'Idéologie allemande*, avec Engels (1846)
  - *Manifeste du parti communiste*, avec Engels (1848)
  - *Le Capital* (1867-1905)

Issu d'une famille de la classe moyenne allemande, Karl Marx est **marqué lors de ses études de philosophie par Kant et par Hegel**, qui influenceront sa pensée. Il rencontre, en 1844, **Friedrich Engels** (1820-1895), avec lequel il commence rapidement à collaborer. Tous deux touchés par la misère des travailleurs, ils décident de **lutter contre les injustices** en s'engageant politiquement. Ils critiquent les théories socialistes de l'époque et prônent des méthodes plus radicales.

Marx est notamment le **théoricien de la lutte des classes**, et propose également une **analyse historique et économique du capitalisme**, en montrant que le capitalisme construit lui-même les conditions de sa propre disparition. Il est considéré comme un philosophe atypique, car sa pensée est entièrement orientée vers l'action. Il se veut en rupture totale avec la tradition philosophique, qu'il trouve beaucoup trop abstraite et séparée du monde. Son influence sur la pensée du XXe siècle est cependant considérable.

LE MANIFESTE DU PARTI COMMUNISTE

UN TEXTE AUX CONSÉQUENCES MULTIPLES

Le *Manifeste du parti communiste* est **le compte rendu du programme et des théories du mouvement communiste**. Il fait le bilan du fonctionnement de la société et indique les moyens de changer les choses. Il constitue la pierre angulaire de tout le mouvement communiste et, en cela, il a eu un impact incalculable sur l'histoire.

L'œuvre est commandée à Marx par la Ligue des communistes fin novembre 1847 et parait en **février 1848**. Marx est d'abord hésitant à accepter la commande, pensant que le texte devrait provenir de l'ensemble des communistes plutôt que d'une seule personne. C'est d'ailleurs la raison pour laquelle le *Manifeste* parait d'abord **anonymement**. Ce n'est que lors de sa réédition que les noms de Marx et d'Engels sont ajoutés.

L'œuvre est un réel **succès en termes de ventes**. Elle est **traduite dans toutes les langues** et est **rééditée de nombreuses fois**. Par conséquent, elle possède de nombreuses préfaces, dont beaucoup sont écrites par Marx et/ou par Engels eux-mêmes.

MISE EN CONTEXTE

UN CONTEXTE HISTORIQUE HAUTEMENT RÉVOLUTIONNAIRE

La révolution industrielle

Le *Manifeste du parti communiste* est publié en 1848, dans un contexte historique hautement révolutionnaire : le climat social en Europe est délétère, les révolutions fomentent dans tous les pays. Cette agitation est due avant tout à la **révolution industrielle**, qui a marqué le passage d'une économie basée sur l'agriculture à une économie basée sur l'industrie. Loin de ne constituer qu'un changement économique, cela constitue **un bouleversement en profondeur des sociétés européennes des points de vue politique et social également**. Bien que la date de 1850 soit souvent prise comme référence, la révolution industrielle ne se déroule en fait **pas au même rythme ni au même moment dans tous les pays européens** :

- la Grande-Bretagne s'est déjà industrialisée à la fin du XVIIIᵉ siècle, devenant l'empire le plus puissant du monde (transformation qui s'est accompagnée de réformes sociales importantes) ;
- la France a commencé le processus au début du XIXᵉ siècle et, dans les années 1830-1850, la situation politique est des plus instables ;
- en Allemagne, il faut attendre le milieu du XIXᵉ siècle pour vraiment parler d'industrialisation. Par conséquent, au moment de la publication du *Manifeste*, celle-ci n'a

pas encore montré ses effets et il faudra attendre la fin du XIXe siècle pour que l'Allemagne devienne une des plus grandes puissances économiques mondiales.

La Révolution française

Marx a comparé le climat des années 1840-1850 en Allemagne à la période révolutionnaire en France de 1789 à 1795 (*Le 18 Brumaire de Louis Bonaparte*, 1852). Le philosophe était en effet fortement **influencé par le climat et l'histoire française** – sa ville natale, Trèves, fut d'ailleurs française sous le Premier Empire, qui fut une période de prospérité inégalée pour la ville –, qu'il considère comme bien plus avancée que l'Allemagne sur le chemin de la révolution.

Cependant, si l'Allemagne n'a pas encore, selon lui, vécu la révolution bourgeoise, elle « accomplira cette révolution dans les conditions les plus avancées de la civilisation européenne et avec un prolétariat infiniment plus développé que l'Angleterre au XVIIe et la France au XVIIIe siècle, et que par conséquent, **la révolution bourgeoise allemande ne saurait être que le prélude immédiat d'une révolution prolétarienne** » (*Manifeste du parti communiste*, p. 159).

Plus précisément, **le *Manifeste du parti communiste* est écrit quelques semaines avant la révolution de février 1848 en France**. Les enseignements de cette révolution ne pouvaient dès lors pas encore être pris en compte. Néanmoins, Marx et Engels, dans certaines préfaces ultérieures, y font allusion, notamment dans la préface de l'édition anglaise de 1888, écrite par Engels seul. Il analyse la défaite de l'insurrection parisienne de juin 1848, qu'il qualifie de « première bataille entre le prolétariat et la bourgeoisie », comme un mouvement de recul des revendications sociales. Mais c'était reculer pour mieux avancer quelque temps après.

On voit donc que **les circonstances étaient parfaites pour publier le programme du parti communiste** : les rêves de révolution et de société égalitaire semblaient d'autant plus à portée de main que la société était extrêmement agitée, en raison de la croissance des inégalités dues à l'industrialisation.

BON À SAVOIR

En 1830, **la France** est déchirée par la révolution de Juillet, provoquée par la censure de la presse, la dissolution des chambres et les modifications du droit de vote. Le parti majoritairement monarchiste de la bourgeoisie appelle alors au pouvoir le roi Louis-Philippe d'Orléans, censé incarner les valeurs révolutionnaires. Et en effet, il révise la constitution, élargit le corps électoral et donne une responsabilité aux ministres. Mais les évolutions majeures sous son règne sont l'industrialisation croissante et l'apparition du grand capitalisme. Sur le plan politique, il cherche à trouver une voie médiane entre libéraux et conservateurs. C'est le triomphe de la monarchie bourgeoise.

Le 24 février 1848, pourtant, la monarchie de Louis-Philippe tombe, affaiblie par quelques lois impopulaires. Des barricades se forment dans Paris, mais les combats sont rares, car les troupes pactisent rapidement avec les émeutiers. C'est la révolution de Février. Un premier gouvernement provisoire se met alors en place, rassemblant des membres des différents mouvements politiques. Suit une période troublée, due à une grave crise économique. Les socialistes sont finalement exclus de la commission exécutive succédant au gouvernement provisoire. Des émeutes éclatent entre le 23 et le 26 juin 1848, suite à la fermeture des Ateliers nationaux, qui attiraient de nombreux travailleurs à Paris.

EXPLICATION ET ANALYSE DU TEXTE

VERS UNE PRISE DE CONSCIENCE

Le *Manifeste* est d'abord destiné à être lu par les travailleurs. Son **but** est :

- tout d'abord d'**amener une prise de conscience de l'injustice des conditions de vie des travailleurs** ;
- ensuite de **pousser ces derniers à s'unir et à faire la révolution**. C'est d'ailleurs la raison pour laquelle le texte est appelé un « manifeste ».

Pour rendre possible cette prise de conscience, **les auteurs évitent le vocabulaire philosophique ou technique** : ils s'adressent à l'ensemble du peuple et doivent donc se montrer didactiques. Ils décrivent le fonctionnement social de façon détaillée, mais en recourant à des termes simples, pour permettre au peuple de comprendre. En outre, ils utilisent **beaucoup de phrases-chocs** susceptibles de servir de slogan (« L'histoire de toute société jusqu'à nos jours est l'histoire de la lutte des classes. », « Prolétaires de tous les pays, unissez-vous ! », etc.) et ponctuent le texte de **nombreuses affirmations**, parfois même terminées de points d'exclamation. Pour toutes ces raisons, le *Manifeste* est **un texte politique avant d'être un texte philosophique**.

Cette volonté de marquer les consciences, de convaincre les lecteurs et de les pousser à l'action conditionne tout le *Manifeste*. En effet, **Marx ne vise pas la construction théorique**. Selon lui, celle-ci n'est rien si elle ne mène pas à l'action : « Les philosophes ont seulement interprété le monde de diverses manières, ce qui compte, c'est de le transformer. » (MACHEREY [Pierre], *Marx 1845. Les « thèses » sur Feuerbach*, traduction et commentaires, Paris, Éditions Amsterdam, 2008) Ici, **le but ultime est l'action révolutionnaire**. Pour cela, il faut que les prolétaires de tous les pays se rendent compte de leur exploitation par la minorité bourgeoise capitaliste (dans le texte, les bourgeois sont les capitalistes, c'est-à-dire les propriétaires des moyens de production, donc les possesseurs du capital, soit la classe dominante) et qu'ils mettent leurs efforts en commun. En effet, **la prise de conscience doit être collective et internationale** pour avoir un impact. C'est pour cela que le texte a été diffusé le plus largement possible et traduit très rapidement dans de nombreuses langues.

UNE RELECTURE DE L'HISTOIRE

Le texte du *Manifeste* mêle **plusieurs disciplines**, en raison de son but politique. Les auteurs font tour à tour de l'histoire, de l'économie et de la philosophie, tout en demeurant de part en part politiques.

Marx et Engels développent notamment **le matérialisme historique**. Il s'agit d'une philosophie de l'histoire selon laquelle **la société s'explique par la nature et l'évolution de sa structure économique** : les individus agissent en fonction des forces sociales et économiques qui les déterminent, et non en suivant des idéaux qu'ils se fixeraient de manière consciente.

Toutes les étapes de l'histoire sont selon Marx et Engels

marquées par certains invariants (des éléments qui ne changent pas), notamment **la lutte des classes**. Autrement dit, la lutte des classes a toujours été présente sous différentes formes. Pendant l'époque féodale, par exemple, le seigneur prêtait ses terres aux fermiers en échange de la majeure partie de leur production. À l'époque du *Manifeste*, la lutte des classes se manifeste à travers **l'exploitation par un petit nombre de dominants (les propriétaires des moyens de production) du peuple, qui ne possède que sa force de travail**. En d'autres termes, le peuple vend sa force de travail au propriétaire, qui empoche le bénéfice du travail (la plus-value, c'est-à-dire la richesse créée moins le cout de production) et le réinvestit dans l'achat de moyens de production pour engendrer encore plus de capital, et ainsi de suite. Plus les machines se perfectionnent, plus l'industrialisation avance, plus les forces de travail sont exploitées, car mises en concurrence avec les machines (pour l'analyse complète de ce mécanisme que Marx ne fait qu'esquisser dans le *Manifeste du parti communiste*, se reporter au livre 1 du *Capital* ou à *L'Idéologie allemande*).

Ainsi, selon Marx et Engels, **l'histoire se déroule de façon mécanique** — voire mathématique — **selon des règles invariables**. L'évolution historique telle qu'elle s'est déroulée et telle qu'elle se déroulera dans le futur n'est pas l'effet du hasard. Rien ne peut et n'aurait pu se passer différemment de ce qui s'est effectivement passé. Chaque évolution est la cause directe d'une autre évolution et ainsi de suite. Une structure sociale en amène une autre, au fil des révolutions successives. Cependant, **par la prise de conscience de ce mécanisme et en en embrassant complètement le prin-**

cipe, **la révolution semble à présent pouvoir effacer cet invariant qu'est la lutte des classes**. C'est ce qui marquerait **la fin de l'histoire**, selon Marx. Le thème de la fin de l'histoire chez Marx peut être interprété comme :

- la fin de ce qui était la caractéristique des systèmes révolutionnaires, la lutte des classes ;
- le commencement de quelque chose de nouveau, que le penseur ne décrit pas, car la caractéristique de la nouveauté est le surgissement, l'inattendu, qui est donc par définition indescriptible.

LA MÉCANIQUE DE LA RÉVOLUTION

Deux révolutions très différentes

Puisqu'il pense l'histoire en termes de révolutions successives, Marx appelle à la révolution. Cependant, il y a un paradoxe dans sa pensée de la révolution qui fait tout son intérêt et sa richesse :

- **il attribue d'abord la fonction révolutionnaire à la bourgeoisie**. En bouleversant l'ordre social féodal, elle a, la première, révolutionné la société ;
- cependant, cette révolution bourgeoise n'est pas comparable à **la révolution prolétaire à laquelle Marx appelle**, dans le sens où celle-ci sera **chargée d'abolir la lutte des classes**. Ce n'est donc pas une des variantes de la lutte des classes que cette révolution doit abolir (comme l'a fait la révolution bourgeoise qui a aboli la forme féodale de la lutte des classes), mais le mécanisme même de la lutte des classes.

En outre, selon Marx, **la bourgeoisie est en constante révolution** : « La bourgeoisie ne peut exister sans révolutionner constamment les instruments de production, c'est-à-dire l'ensemble des rapports sociaux. » (p. 81) En effet, le développement des marchés implique constamment de nouveaux besoins et demande également de plus en plus de force productive.

La révolution bourgeoise

La révolution bourgeoise a ramené tous les rapports sociaux au seul rapport financier. Autrement dit, elle a remplacé les différentes valeurs féodales (sentiment religieux, importance de la famille et des groupes sociaux, codes chevaleresques, etc.) par le calcul rationnel et l'intérêt financier. Elle a substitué, ce faisant, toutes les libertés et les droits acquis par la seule liberté du commerce. De ce fait, l'homme est devenu « une simple valeur d'échange » (p. 81).

L'entreprise d'industrialisation massive, la centralisation politique et économique et le regroupement de la population dans les villes, associés à la détérioration des conditions de vie et à la disparition de toutes les valeurs féodales, créent **les conditions pour une nouvelle révolution**. D'autant que la société bourgeoise ne peut gérer le développement constant et se trouve périodiquement confrontée à des crises de surproduction qui déstabilisent complètement son mécanisme.

Pour l'instant, explique Marx, elle surmonte ces crises par davantage d'agitation, davantage d'exploitation des marchés existants et par la création de nouveaux marchés, c'est-à-dire « en préparant des crises plus générales et plus puissantes et en réduisant les moyens de les prévenir » (p. 85).

La révolution prolétaire

Ainsi, **le système bourgeois produit lui-même les conditions favorisant sa propre destruction**. En outre, **il produit également les acteurs de cette destruction**, en créant une classe unique : **les travailleurs**, qui vont s'unir pour accomplir une nouvelle révolution. Auparavant, les classes sociales étaient beaucoup plus nombreuses (petits bourgeois, moines, artisans, guerriers, etc.). Avec le capitalisme, toutes les classes intermédiaires ont disparu : il ne reste plus que les bourgeois et les ouvriers. La bourgeoisie crée donc à la fois les conditions, les outils et les artisans de sa propre destruction : c'est le système lui-même qui s'autodétruit. Cette autodestruction est selon Marx inévitable. L'action révolutionnaire des prolétaires est la conséquence directe des contradictions internes du capitalisme.

La pensée de Marx est une **pensée très déterministe** : il conçoit l'histoire comme un enchainement d'évènements dans lequel chaque élément est relié aux autres par un rapport de causalité (rapport cause-conséquence). La seule possibilité d'action pour l'homme est de comprendre ce mécanisme et de saisir laquelle est la place qu'il occupe dans l'engrenage pour réaliser ce qui était d'emblée inévitable.

LE RÔLE DU PARTI COMMUNISTE

L'union et l'organisation politique des prolétaires

Aux yeux de Marx, **la lutte du prolétariat contre la bourgeoisie n'est pas un choix : elle est inévitable**, comme on vient de le voir. Selon lui, cette lutte « commence avec son existence même [du prolétariat] » (p. 95) et **ne peut être menée que par le prolétariat**. Il s'agit de la seule classe capable de mener la révolution contre la bourgeoisie et de supprimer réellement la lutte des classes. Les classes intermédiaires ne sont que des classes qui luttent contre leur assimilation – pourtant fatale – au prolétariat.

Toutefois, la révolution du prolétariat **implique l'union et l'organisation politique**. Isolées, les actions locales ou même nationales risquent :

- soit de se transformer en émeute sans contenu politique et sans effet (si ce n'est décrédibiliser le mouvement) ;
- soit d'être récupérées par les bourgeois pour profiter à leurs intérêts (par exemple pour renverser ce qu'il reste de l'Ancien Régime et de la domination des nobles).

Le parti communiste se présente alors comme la partie combattante du prolétariat. Il regroupe des prolétaires qui ont pris conscience de leur exploitation et du caractère destructeur de la société capitaliste bourgeoise, et qui entendent dès lors déclencher et organiser la révolution qui se dessine. Pour éviter la récupération par la bourgeoisie, il propose d'organiser **l'union internationale de tous les travailleurs**. Les communistes représentent par ailleurs « les intérêts du mouvement dans sa totalité » (p. 109), c'est-à-dire qu'ils pensent d'abord à l'intérêt du mouvement et de la révolution globale, autrement dit à l'intérêt de tous les ouvriers, avant tout autre intérêt divergent.

Les revendications communistes

Les communistes mettent au jour, par leurs revendications, l'état dans lequel est contraint de vivre le prolétaire. Ils sont accusés d'abolir la propriété privée, la famille et la patrie. Or, nous dit Marx, l'abolition de la propriété privée, de la famille et de la patrie est en réalité l'abolition de la propriété *bourgeoise*, de la famille *bourgeoise* et de la patrie *bourgeoise*. En effet, les prolétaires sont déjà privés de propriété, coupés de leur famille et dépourvus de patrie.

Si les mesures sont différentes en fonction des pays et du degré d'implantation et/ou de déliquescence du système bourgeois, elles impliquent toutes :

- l'expropriation des propriétés foncières ;
- l'annulation du droit d'héritage des propriétés foncières ;
- la planification du travail obligatoire pour tous ;
- l'éducation publique et gratuite pour tous les enfants ;
- l'abolition du travail des enfants ;
- la coordination de l'activité agricole et industrielle ;
- la nationalisation des usines ;
- la centralisation des moyens de transport et du crédit aux mains de l'État.

Pour les communistes, **une fois la lutte des classes vain-cue, l'État n'aura plus rien de politique**. En effet, comme l'explique Marx, **le pouvoir politique se définit par l'op-pression d'une classe par une autre**. Par conséquent, si le prolétariat annule la lutte des classes par la violence, cette violence ne sera que momentanée : **la prise de pouvoir du prolétariat ne pourra pas durer**, car, en prenant le pouvoir, il abolira la lutte des classes et ne pourra donc pas être à son tour une classe dominante. Sinon, la société se caractérise-rait toujours par le même mécanisme de lutte des classes et d'exploitation.

COMMUNISME ET SOCIALISME

Le socialisme, un ennemi du communisme

Les communistes doivent par ailleurs se définir par rapport à d'autres mouvements intellectuels et politiques déjà actifs, notamment le socialisme. Celui-ci **diffère du communisme en tant qu'il ne prône pas la révolution, mais la réforme**.

Aux yeux de Marx, le socialisme est un ennemi :

- en n'étant pas assez radical, **il laisse la possibilité aux dominants de récupérer les revendications sociales** à leur compte ;
- de plus, il **cache souvent également des intérêts qui ne sont pas ceux des ouvriers**.

Dans la dernière partie du *Manifeste*, Marx distingue diffé-rents types de littérature socialiste.

Le socialisme réactionnaire

On trouve d'abord le socialisme réactionnaire, qui comprend :

- **le socialisme féodal**, employé comme une arme par les aristocrates, principalement anglais et français, pour défendre leurs privilèges et marquer des points dans leur lutte contre les bourgeois en prétendant prendre la défense des ouvriers. Ce type de socialisme est une tentative détournée de retour à l'Ancien Régime, car les aristocrates oublient de préciser que le régime féodal antérieur était lui aussi un régime d'exploitation ;
- **le socialisme petit-bourgeois**. Ce socialisme prend la défense de la petite bourgeoise, une classe intermédiaire entre le prolétariat et la bourgeoisie. Elle ne possède aucune stabilité, car ses membres sont perpétuellement précipités dans l'une ou l'autre de ces classes (généralement dans le prolétariat). Ce socialisme analyse bien, selon Marx, les hypocrisies économiques et les effets meurtriers de l'organisation du travail. Mais la solution envisagée est de retourner en arrière et de rétablir l'Ancien Régime, tout en y intégrant les nouveaux moyens de production, ce qui, selon le penseur, est à la fois utopique et réactionnaire. Ce socialisme est surtout présent en France et en Angleterre ;
- **le socialisme allemand ou « socialisme vrai »**, en Allemagne. Il s'agit d'un socialisme purement littéraire, car il est privé de contexte et manipule des concepts abstraits sans penser les conditions concrètes de l'action. Rappelons en effet qu'à l'époque, la situation en Allemagne n'est pas la même qu'en France : la révolution

bourgeoise n'est pas encore réellement enclenchée. Ce socialisme a eu l'effet néfaste de servir d'épouvantail au gouvernement absolutiste allemand et donc de retarder la révolution bourgeoise, qui est pourtant l'étape nécessaire, selon Marx, entre le système féodal et la révolution prolétaire.

Pour Marx, ces trois premiers types de socialisme sont réactionnaires, au sens où **ils ne prônent, inconsciemment ou non, qu'un retour vers le passé**. S'ils ont le mérite de dénoncer et de mettre à nu le système et ses effets destructeurs de façon adéquate, au lieu de penser la révolution, ils veulent plutôt ressusciter les rapports de propriété du passé, ce qui est à la fois impossible et impensable.

Le socialisme conservateur ou bourgeois

Citons ensuite le socialisme conservateur ou bourgeois, revendiqué par une partie de la bourgeoisie, qui tente « de porter remède aux anomalies sociales » (p. 151). Ce socialisme n'a selon Marx d'autre but que :

- d'**éviter les troubles sociaux** allant de pair avec la misère du prolétariat
- et de **faire croire aux prolétaires que le système capitaliste peut leur profiter**.

Le communisme critico utopique

Enfin, Marx évoque le communisme critico utopique, un type de socialisme apparu au cours de la période de transition entre le monde féodal et le monde bourgeois. **Il diagnostique l'antagonisme des classes, mais il ne dispose pas**

encore des conditions matérielles pour percevoir la force révolutionnaire du prolétariat et les conditions de son émancipation. Autrement dit, les penseurs de ce courant, comme Saint-Simon (1760-1825), Charles Fourier (1772-1837) ou Robert Owen (1771-1858), fabriquent des constructions sociales théoriques qui pourraient permettre de résoudre le problème de la lutte des classes, sans voir que la situation actuelle va fournir ces instruments d'elle-même, sans qu'il y ait besoin de les inventer. Ils ne voient pas le potentiel d'action de la classe prolétaire.

Si, en ce qu'il critique les fondements de la société bour-geoise, **ce socialisme contribue à faire prendre conscience aux prolétaires de leur exploitation et fournit une inspiration au programme communiste**, selon Marx **ses propositions restent utopiques**. Ce type de socialisme avait un sens lorsque les conditions pour la révolution prolé-taire n'étaient pas encore réunies, mais il devient un ennemi du communisme au fur et à mesure qu'elles se mettent en place. De révolutionnaire en son temps, ce socialisme est donc devenu réactionnaire et utopiste.

Marx en conclut que **le communisme doit combattre tous ces courants socialistes davantage encore qu'il ne doit combattre le système bourgeois** et l'exploitation en elle-même. En effet, selon lui, ces socialismes freinent la révolution prolétaire. On voit ici encore que pour le penseur, c'est le résultat — la révolution prolétaire et l'abolition de la lutte des classes — qui compte, les moyens pour y arriver importent peu. C'est une des forces du communisme marxiste, mais c'est également ce qui laisse la porte ouverte

à de nombreuses interprétations violentes et totalitaristes
des revendications communistes premières.

CONCLUSION

Le texte du *Manifeste du parti communiste* est d'abord **un programme politique**. Cependant, il est davantage que cela, car il donne **une vision d'ensemble de la philosophie de Marx et d'Engels** en des termes qui se veulent accessibles.

Il entend ainsi offrir les outils au lecteur pour prendre conscience de son exploitation et de la nécessité historique d'une révolution. Mais cette révolution doit être davantage que les révolutions successives qui ont structuré l'histoire jusque-là. Elle doit servir à supprimer ce qui n'a jamais été supprimé, c'est-à-dire la lutte des classes. Ce texte a eu une influence considérable sur l'histoire contemporaine dans son ensemble, mais également sur l'histoire de la philosophie, en ouvrant la voie à une nouvelle façon de penser l'histoire.

POUR ALLER PLUS LOIN

- BIDET (Jacques) et KOUVÉLAKIS (Eustache), *Dictionnaire Marx contemporain*, Paris, PUF, 2001.
- MACHEREY (Pierre), *Marx 1845. Les « thèses » sur Feuerbach*, traduction et commentaires, Paris, Éditions Amsterdam, 2008.
- MARX (Karl) et ENGELS (Friedrich), *Manifeste du parti communiste*, Paris, Aubier Montaigne, 1971.
- PAPAIOANNOU (Kostas), *Marx et les marxistes*, Paris, Gallimard, 2001.

Rendez-vous sur lepetitphilosophe.fr et découvrez :

Plus de 1200 analyses
Claires et synthétiques
Téléchargeables en 30 secondes
À imprimer chez soi

www.lepetitphilosophe.fr

ISBN version numérique : 978-2-8062-4582-3
ISBN version papier : 978-2-8080-0104-5
Dépôt légal : D/2017/12603/488

Conception numérique : Primento,
le partenaire numérique des éditeurs.

Made in the USA
Monee, IL
07 July 2026